MA PREM
MYTHOL

Thésée et le fil d'Ariane

Une série de Hélène Kérillis,
illustrée par Grégoire Vallancien.

Hatier
jeunesse

Chapitre 1

La terrible nouvelle

Égée n'a pas dormi de la nuit.
Le roi d'Athènes tremble pour son peuple.
Il se pose et se repose la même question :
– Comment annoncer la terrible nouvelle ?
Sept jeunes gens et sept jeunes filles doivent être livrés au roi Minos, l'ennemi d'Athènes.
Pas pour être esclaves.

Pour être dévorés par un monstre,
le Minotaure.
Si Égée n'obéit pas, le cruel Minos viendra
détruire la cité et tous ses habitants.

Au matin, Égée réunit les Athéniens
sur la place publique. Quand ils apprennent
la nouvelle, ils sont épouvantés.

– Pas mon fils ! Pas ma fille ! gémissent les uns.

– Déclarons la guerre ! Battons-nous jusqu'au dernier ! s'écrient les autres.

Le roi Égée sait bien qu'il ne peut pas vaincre Minos. Il est trop puissant. Alors que faire ? Sacrifier sept jeunes gens et sept jeunes filles ? C'est impossible. D'ailleurs comment choisir ? C'est alors que Thésée, le fils du roi, intervient :

– Je veux y aller !

– Toi ? s'écrie Égée.

Le vieux roi sent la douleur lui transpercer le cœur. Thésée, son fils unique ! Non !

– Tu ne peux pas partir, dit Égée. Tu dois me succéder !

– Justement, répond Thésée. Si je deviens roi d'Athènes, mon devoir est de protéger mon peuple.

Égée a beau discuter avec son fils, il ne réussit pas à le faire changer d'avis. Car Thésée a déjà une idée pour vaincre le Minotaure.

Le prince déclare à la foule :

– J'irai en Crète. Et je tuerai le monstre. Ainsi Athènes ne sera plus jamais l'esclave de Minos !

La foule applaudit. Mais elle reste inquiète : Minos a exigé sept jeunes gens et sept jeunes filles.

– Avec l'aide des dieux, nous y arriverons ! s'écrie Thésée. Qui veut m'accompagner ?

L'exemple du jeune homme encourage un groupe de jeunes, filles et garçons. Ils sont décidés à tout faire pour sauver leur patrie.

Chapitre 2

Le coup de foudre

Quelques semaines plus tard, Thésée et ses compagnons traversent la mer et arrivent en Crète, le royaume de Minos. Dès qu'ils débarquent, ils sont encadrés par des soldats en armes. Ils sont conduits au palais royal.

Dans la salle du trône, le roi Minos est impressionnant au milieu de ses courtisans.

– Approchez ! ordonne-t-il.

Minos veut s'assurer que ses futures victimes sont au complet.

Thésée se détache du groupe, le regard fier.

– ... douze, treize, quatorze. C'est parfait ! déclare Minos. Demain, vous serez jetés dans le labyrinthe !
Le labyrinthe est la prison du Minotaure.
Des couloirs taillés dans le roc se croisent et se recroisent sans fin. Personne ne peut en sortir.
Pas même Dédale, l'architecte qui l'a construit.

« Quand ils seront jetés là, se dit Minos, Thésée et ses compagnons ne pourront pas échapper à la mort. Ou bien le monstre les trouvera les uns après les autres et les dévorera. Ou bien ils mourront de faim. »
Mais Thésée a déjà pensé à la façon de vaincre le Minotaure. En tout cas, une énergie farouche brille dans son regard.

Parmi les courtisans, une jeune crétoise le dévore des yeux.

C'est Ariane, la fille du roi Minos :

– Comme il est beau, ce Thésée ! Et quel courage !

Jamais aucun homme n'avait fait un tel effet à Ariane. Quand son regard croise celui du jeune homme, c'est le coup de foudre.

La princesse rougit, pâlit.
Elle tremble de la tête aux pieds.
– Celui-là ne doit pas mourir ! se promet-elle.
Le roi Minos donne ses ordres : on conduit les futures victimes à leurs chambres, les garçons d'un côté, les filles de l'autre.
Ils doivent être bien traités avant d'être offerts en sacrifice au Minotaure.

Chapitre 3
La princesse Ariane

Dans le palais, plus un bruit. Thésée a donné ses derniers conseils à ses compagnons : dormir et prendre des forces avant d'affronter le Minotaure.

Et surtout suivre son plan :

– Il faudra attaquer de suite et tous ensemble. Si on attend, on s'épuisera. Si on se disperse, on n'aura aucune chance face au monstre !

Les compagnons de Thésée ont fini par s'endormir. Pas lui. Il passe et repasse son plan dans sa tête. Il faut tuer le Minotaure... Mais il faut aussi pouvoir sortir du labyrinthe !
Comment s'y prendre ?
Soudain, un léger bruit à la porte. Minos a-t-il changé d'avis ? Va-t-il les faire jeter dans le labyrinthe en pleine nuit ? La porte s'ouvre et se referme sans bruit.

Une jeune fille est entrée.
– Ariane ? s'étonne Thésée.
– Chut ! murmure-t-elle. Personne ne sait que je suis ici !
– Que veux-tu ?
– Te sauver ! dit-elle en s'approchant de Thésée.
Brusquement, elle lui tend une épée qu'elle cachait dans les plis de sa robe.
– Pour tuer le monstre !
Thésée fronce les sourcils. Si c'était un piège, pour le séparer de ses compagnons ? Mais non. Les yeux d'Ariane brillent d'amour.
– Admettons que je tue le monstre avec l'épée. Comment sortirai-je du labyrinthe ?
– Avec ça !

Ariane montre à Thésée une pelote de fil à dérouler dans la prison du Minotaure. Pour retrouver la sortie, il n'y aura qu'à suivre le fil en sens inverse !

– Je te donne l'épée et la pelote à une condition : que tu m'emmènes avec toi !

Quelques instants plus tard, deux ombres se glissent hors du palais par une porte secrète.

Chapitre 4
Le Minotaure

Ariane et Thésée filent sans bruit jusqu'au labyrinthe. Ils arrivent devant une solide porte de fer.

– C'est là ! murmure la jeune fille.

Ariane ouvre tout doucement la porte pour ne pas alerter le Minotaure. Dans le labyrinthe, il fait un noir d'encre. Pas un bruit. Pas un souffle.

Ariane se blottit contre Thésée.

– Fais attention à toi ! Reviens-moi vivant ! lui murmure-t-elle.

Puis elle lui donne la pelote et tient très fort le bout du fil qui la rattache à Thésée.

Le jeune homme s'avance dans le labyrinthe, tantôt souterrain, tantôt à ciel ouvert. La lune éclaire des parois vertigineuses. Des ossements traînent un peu partout.

Thésée frissonne. Mais il ne se laisse pas envahir par la peur. Il pense à son père, à Athènes : tout le monde compte sur lui. Il doit vaincre.
Soudain, un grognement. Le Minotaure est là, couché sur des branchages.
C'est un géant à la poitrine couverte de poils et aux mains gigantesques. Le plus monstrueux, c'est la tête, une tête de taureau plantée directement sur le corps. Le museau est taché de sang. Les cornes sont longues comme des épées. Lentement, Thésée pose la pelote à terre.

Ariane comprend :

– Il l'a trouvé !

Alors elle serre le fil contre elle. Ses pensées courent tout le long jusqu'à Thésée. Soudain, elle entend un mugissement de fureur qui se répercute sur les parois. Puis des bruits de coups. Des cris. Brusquement plus rien. Un silence interminable. Et ce fil qui ne bouge plus…

– Ce n'est pas possible... Thésée !
Mon Thésée !
Est-ce qu'elle rêve ? Ou bien est-ce que le fil vient de frémir ? Oui, il se tend à nouveau !
Et soudain, il est là devant elle, son Thésée, couvert de sang !
– C'est celui du Minotaure.
Il est mort ! dit le jeune homme en serrant Ariane dans ses bras.
– Vite ! Au navire ! Filons !
– Pas sans mes compagnons !
Moi, je retourne au palais.
Toi, va prévenir les rameurs !

Ariane vole jusqu'au port. Sous les murs du palais, Thésée lance son signal : un cri de chouette répété trois fois. Filles et garçons attaquent leurs gardiens endormis. Et tout le groupe dévale le chemin qui mène à la mer.

– Larguez les amarres ! crie Thésée.

Le bateau s’arrache à la côte. Sauvés !

Plus jamais Minos n’obligera Égée à lui livrer des victimes.

Désormais, Athènes est libre !

Mon quiz

As-tu bien lu l'histoire ?

1 Comment s'appelle le roi de Crète ?

A. Égée
B. Minos
C. Thésée
D. Dédale

2 Combien d'Athéniens doivent aller en Crète ?

A. 17
B. 14
C. 7
D. 4

3 Qui est le fils du roi d'Athènes ?

A. Thésée
B. Le Minotaure
C. Égée
D. Thisi

4 Que risquent les Athéniens en Crète ?

A. Ils risquent d'être mangés par des requins.
B. Ils risquent d'être poursuivis par des lions.
C. Ils risquent d'être dévorés par le Minotaure.
D. Ils risquent de périr en mer.

5 Où vit le Minotaure ?

A. En haut d'une tour
B. Dans une grotte
C. Dans un labyrinthe
D. Sur un volcan

6 Qui est Ariane ?

A. La fille de Minos
B. La sœur de Thésée
C. La fille d'Égée
D. La cousine du Minotaure

7 Comment Thésée sort-il du labyrinthe ?

A. Il suit la pelote de fil d'Ariane.
B. Il ne réussit pas à sortir.
C. Il casse les murs du labyrinthe.
D. Il provoque un incendie.

Solutions page 48.

Mes infos en +

Pour aller plus loin...

Pourquoi des jeunes gens doivent être livrés au Minotaure ?

Lors d'une compétition sportive, un fils de Minos a été tué par les Athéniens. C'est pourquoi tous les neuf ans (ou trois selon les différentes versions de la légende), sept jeunes gens et sept jeunes filles d'Athènes doivent être livrés au Minotaure.

Qui est le Minotaure ?

Le Minotaure, ou « taureau de Minos », est le fils de la reine Pasiphaé et d'un taureau. Le roi Minos, époux de Pasiphaé, enferme le monstre dans le labyrinthe : c'est une succession de salles et de couloirs construits par l'architecte Dédale. « Dédale » est devenu un synonyme de labyrinthe !

Le palais de Minos a-t-il vraiment existé ?

En 1905, l'Anglais Evans fouille le site de Cnossos en Crète et découvre les ruines d'un immense palais de plus de mille salles. Il correspond parfaitement à la légende du roi Minos et à son labyrinthe !

D'où vient l'arme offerte par Ariane ?

L'épée qu'Ariane donne à Thésée pour combattre le Minotaure est magique. Elle a été fabriquée par Héphaïstos, le dieu du feu. Il a forgé d'autres armes magiques comme celles d'Achille, l'armure d'Hercule ou les flèches du dieu Apollon.

Quelle expression de la langue française est issue de ce récit ?

« Suivre le fil d'Ariane », qui signifie : savoir s'orienter pour sortir de grandes difficultés, comme l'a imaginé Ariane en procurant le fil à Thésée.

Solutions

Mon quiz (p. 44-45)
1/ B ; 2/ B ; 3/ A ; 4/C ; 5/ C ; 6/ A ; 7/ A.

Suivi éditorial : Sophie Nanteuil
Création graphique et mise en pages : Graphicat

ISBN : 978-2-401-06148-4
ISSN : 2497-0166

IMPRIM'VERT
votre imprimeur agit pour l'environnement

PAPIER À BASE DE FIBRES CERTIFIÉES

Hatier s'engage pour l'environnement en réduisant l'empreinte carbone de ses livres. Celle de cet exemplaire est de : 250 g éq. CO_2
Rendez-vous sur www.hatier-durable.fr

Achevé d'imprimer en France par Clerc à Saint-Amand Montrond
Dépôt légal : 06148-4/03 - Mai 2021